강 · 의 · 워 · 크 · 북

· 강의내용 요약

· 스스로 문제 내고 답하기

· 독서노트

평가방식

B+의 조건

◇ 결석, 지각, 조퇴 없는 완벽한 출석

◇ 필수 과제 기한 내 제출

- 매 강의가 끝난 다음 시간 시작하기 전(출석체크 전)까지 꽉 채워 쓴 강의 노트 1매
- 매 강의가 끝난 다음 시간 시작하기 전(출석체크 전)까지 꽉 채워 쓴 스스로 문제 내고 답하기 노트 1매
- 매 강의가 끝난 다음 시간 시작하기 전(출석체크 전)까지 꽉 채워 쓴 필수 독서노트 1매

◇ 설문참여 가산점(노트 1매 추가 제출에 해당하는 가산점 부여): 있을 수도 있고, 없을 수도 있음

◇ B+의 조건 미충족 시 B0, C, D, F도 부여

A0 이상의 조건

◇ B+의 조건 충족

◇ 양적으로 확실히 차별화된 필수과제 제출(매시간 분량 제한 없음)

◇ 선택 독서노트 제출(학기가 끝나기 전까지 무제한)

◇ 마감기한 어길 시 5줄 차감 계산(지각하면 차감됨), 수업 끝난 이후에는 제출 불가(공결만 예외)

공결 인정이 가능한 경우

◇ 본인의 배우자 사망: 사망확인서, 가족관계증명서, 본인신분증 사본

◇ 본인 및 배우자의 직계존속(부모)과 비속(자녀), 형제의 사망
: 사망확인서, 가족관계증명서, 본인신분증 사본

◇ 본인의 결혼: 혼인 증빙 서류

◇ 병원 진료 혹은 입원: 입원확인증과 진단서(의사소견서)

◇ 병무로 인한 결석(예비군 훈련, 신체검사 등): 훈련 참가증, 신체검사 참가증

◇ 졸업 직전 학기 취업: 취업(재직)증명서, 건강보험자격득실확인서, 합격통지서

◇ 여성의 생리: 신청마당에서 생리 공결 신청(학기당 3회까지)

◇ 기타 각종 대회(행사)참여: 대회 지도교수로부터 공식적인 요청이 있어야 함

※ 모든 공결은 증빙서류가 있어야 함

과제 제출방법

◇ 학교 서점에서 『강의 워크북』 구매하여 작성

◇ 반드시 워크북을 구매하여 '자필'로 작성할 것(볼펜 사용할 것)

◇ 워크북의 절취선을 따라 깨끗하게 찢어서 제출할 것

◇ 여러 매 제출할 경우, 각 페이지에 인적사항을 기재할 것

◇ 여러 매 제출할 경우, 페이지 하단에 페이지 번호를 쓸 것

◇ 여러 매 제출 시 스테이플러 찍지 말 것

◇ 여러 매 제출 시 뒷면에 쓰지 말고 여분의 워크북 양식을 쓸 것

의사소통 수단

○ E-mail: leegh1983@gmail.com(주로 E-mail을 사용해 주시면 좋겠습니다.)

○ 휴대전화: 010-8930-7391

1. 첫 번째로 기억에 남는 강의내용을 요약하고, 대학 생활, 전공 공부, 학점 관리, 진로 탐색, 취업 준비(자기소개서 작성 및 예상되는 면접질문에 대한 답변) 등에 어떻게 적용할 수 있을지 기술하세요.

작성예시 (단락을 구분하지 말고, 꽉 채워서 쓸 것)

내용	글자 수	점수
새로운 지식을 쌓기 위해서는 과학적 사고가 필요하다. 과	30자	1점
학적 사고에는 먼저 기본적인 용어에 익숙해져야 하며 평	60자	
가를 내리기 위한 비교조건이 존재해야 한다. 비교조건은	90자	2점
기준의 제품이 될 수 있고 경쟁사의 제품이 될 수도 있	120자	
고 또는 제품의 전체적인 부분이 아닌 특정 부분이 될	180자	3점
수도 있다. 연구의 방법은 체계적, 구체적, 논리적이라는 특	210자	
징을 가지며 다양한 방법이 존재한다. 그 중 논리를 배우	240자	4점
며 접했던 연역적 방법과 귀납적 방법으로 여러 사상가들	270자	
을 분류해본 적이 있는데 동양과 서양 감정과 지식과 같	300자	5점
은 비교조건으로 분류가 가능해진다. 많은 사상가들이 행복	330자	
이 유일한 삶의 목표라고 주장했었지만 경제적인 활동을	360자	6점
위해서는 나를 발전시킬 수 있는 의미있는 행위도 필요하	390자	
다. 의미있는 시간을 찾기 위한 생각의 끈을 이어갈 때	420자	7점
유용하게 쓰이는 방법으로 연구가 사용된다. 이러한 방법은	450자	
실험 전 설정한 가설과는 다르게 완벽한 통제가 가능하지	480자	8점
않으며 그렇기 때문에 변수가 존재하게 된다. 그러므로 실	510자	
로 있고 가치가 높은 결과를 가져올 수 있게 추상적인	540자	9점
것들을 어떻게 측정을 가능하게 변환할 수 있을지 그리고	570자	
어떻게 효과적인 방법으로 목적에 맞는 조사를 할 것인지	600자	10점
에 대해 설정하는 것이 과제를 해결할 때 도움이 될 것	630자	

강의내용 요약

이름		학과		학기		학번	

기억에 남는 강의내용을 요약하세요.

	글자 수	점수
	30자	1점
	60자	
	90자	
	120자	
	150자	2점
	180자	
	210자	
	240자	
	270자	3점
	300자	
	330자	
	360자	
	390자	4점
	420자	
	450자	
	480자	
	510자	5점
	540자	
	570자	
	600자	
	630자	6점
	660자	
	690자	
	720자	
	750자	7점
	780자	
	810자	
	840자	
	870자	8점
	900자	
	930자	
	960자	
	990자	9점
	1020자	
	1050자	
	1080자	
	1110자	10점
	1140자	
	1170자	
	1200자	

강의내용 요약

이름		학과		학기		학번	

기억에 남는 강의내용을 요약하세요.

	글자 수	점수
	30자	1점
	60자	
	90자	
	120자	
	150자	2점
	180자	
	210자	
	240자	
	270자	3점
	300자	
	330자	
	360자	
	390자	4점
	420자	
	450자	
	480자	
	510자	5점
	540자	
	570자	
	600자	
	630자	6점
	660자	
	690자	
	720자	
	750자	7점
	780자	
	810자	
	840자	
	870자	8점
	900자	
	930자	
	960자	
	990자	9점
	1020자	
	1050자	
	1080자	
	1110자	10점
	1140자	
	1170자	
	1200자	

강의내용 요약

이름		학과		학기		학번	

기억에 남는 강의내용을 요약하세요.

	글자 수	점수
	30자	1점
	60자	
	90자	
	120자	
	150자	2점
	180자	
	210자	
	240자	
	270자	3점
	300자	
	330자	
	360자	
	390자	4점
	420자	
	450자	
	480자	
	510자	5점
	540자	
	570자	
	600자	
	630자	6점
	660자	
	690자	
	720자	
	750자	7점
	780자	
	810자	
	840자	
	870자	8점
	900자	
	930자	
	960자	
	990자	9점
	1020자	
	1050자	
	1080자	
	1110자	10점
	1140자	
	1170자	
	1200자	

강의내용 요약

이름		학과		학기		학번	

기억에 남는 강의내용을 요약하세요.

글자 수	점수
30자	1점
60자	
90자	
120자	
150자	2점
180자	
210자	
240자	
270자	3점
300자	
330자	
360자	
390자	4점
420자	
450자	
480자	
510자	5점
540자	
570자	
600자	
630자	6점
660자	
690자	
720자	
750자	7점
780자	
810자	
840자	
870자	8점
900자	
930자	
960자	
990자	9점
1020자	
1050자	
1080자	
1110자	10점
1140자	
1170자	
1200자	

강의내용 요약

이름		학과		학기		학번	

기억에 남는 강의내용을 요약하세요.

글자 수	점수
30자	1점
60자	
90자	
120자	
150자	2점
180자	
210자	
240자	
270자	3점
300자	
330자	
360자	
390자	4점
420자	
450자	
480자	
510자	5점
540자	
570자	
600자	
630자	6점
660자	
690자	
720자	
750자	7점
780자	
810자	
840자	
870자	8점
900자	
930자	
960자	
990자	9점
1020자	
1050자	
1080자	
1110자	10점
1140자	
1170자	
1200자	

강의내용 요약

이름		학과		학기		학번	

기억에 남는 강의내용을 요약하세요.

	자수	점수
	30자	1점
	60자	
	90자	
	120자	
	150자	2점
	180자	
	210자	
	240자	
	270자	3점
	300자	
	330자	
	360자	
	390자	4점
	420자	
	450자	
	480자	
	510자	5점
	540자	
	570자	
	600자	
	630자	6점
	660자	
	690자	
	720자	
	750자	7점
	780자	
	810자	
	840자	
	870자	8점
	900자	
	930자	
	960자	
	990자	9점
	1020자	
	1050자	
	1080자	
	1110자	10점
	1140자	
	1170자	
	1200자	

강의내용 요약

이름		학과		학기		학번	

기억에 남는 강의내용을 요약하세요.

글자 수	점수
30자	1점
60자	
90자	
120자	
150자	2점
180자	
210자	
240자	
270자	3점
300자	
330자	
360자	
390자	4점
420자	
450자	
480자	
510자	5점
540자	
570자	
600자	
630자	6점
660자	
690자	
720자	
750자	7점
780자	
810자	
840자	
870자	8점
900자	
930자	
960자	
990자	9점
1020자	
1050자	
1080자	
1110자	10점
1140자	
1170자	
1200자	

강의내용 요약

이름		학과		학기		학번	

기억에 남는 강의내용을 요약하세요.

글자 수	점수
30자	1점
60자	
90자	
120자	
150자	2점
180자	
210자	
240자	
270자	3점
300자	
330자	
360자	
390자	4점
420자	
450자	
480자	
510자	5점
540자	
570자	
600자	
630자	6점
660자	
690자	
720자	
750자	7점
780자	
810자	
840자	
870자	8점
900자	
930자	
960자	
990자	9점
1020자	
1050자	
1080자	
1110자	10점
1140자	
1170자	
1200자	

강의내용 요약

이름		학과		학기		학번	

기억에 남는 강의내용을 요약하세요.

	글자 수	점수
	30자	1점
	60자	
	90자	
	120자	
	150자	2점
	180자	
	210자	
	240자	
	270자	3점
	300자	
	330자	
	360자	
	390자	4점
	420자	
	450자	
	480자	
	510자	5점
	540자	
	570자	
	600자	
	630자	6점
	660자	
	690자	
	720자	
	750자	7점
	780자	
	810자	
	840자	
	870자	8점
	900자	
	930자	
	960자	
	990자	9점
	1020자	
	1050자	
	1080자	
	1110자	10점
	1140자	
	1170자	
	1200자	

강의내용 요약

이름		학과		학기		학번	

기억에 남는 강의내용을 요약하세요.

	30자	1점
	60자	
	90자	
	120자	
	150자	2점
	180자	
	210자	
	240자	
	270자	3점
	300자	
	330자	
	360자	
	390자	4점
	420자	
	450자	
	480자	
	510자	5점
	540자	
	570자	
	600자	
	630자	6점
	660자	
	690자	
	720자	
	750자	7점
	780자	
	810자	
	840자	
	870자	8점
	900자	
	930자	
	960자	
	990자	9점
	1020자	
	1050자	
	1080자	
	1110자	10점
	1140자	
	1170자	
	1200자	

강의내용 요약

이름		학과		학기		학번	

기억에 남는 강의내용을 요약하세요.

글자 수	점수
30자	1점
60자	
90자	
120자	
150자	2점
180자	
210자	
240자	
270자	3점
300자	
330자	
360자	
390자	4점
420자	
450자	
480자	
510자	5점
540자	
570자	
600자	
630자	6점
660자	
690자	
720자	
750자	7점
780자	
810자	
840자	
870자	8점
900자	
930자	
960자	
990자	9점
1020자	
1050자	
1080자	
1110자	10점
1140자	
1170자	
1200자	

강의내용 요약

이름		학과		학기		학번	

기억에 남는 강의내용을 요약하세요.

글자 수	점수
30자	1점
60자	
90자	
120자	
150자	2점
180자	
210자	
240자	
270자	3점
300자	
330자	
360자	
390자	4점
420자	
450자	
480자	
510자	5점
540자	
570자	
600자	
630자	6점
660자	
690자	
720자	
750자	7점
780자	
810자	
840자	
870자	8점
900자	
930자	
960자	
990자	9점
1020자	
1050자	
1080자	
1110자	10점
1140자	
1170자	
1200자	

강의내용 요약

이름		학과		학기		학번	

기억에 남는 강의내용을 요약하세요.

30자	1점
60자	
90자	
120자	
150자	2점
180자	
210자	
240자	
270자	3점
300자	
330자	
360자	
390자	4점
420자	
450자	
480자	
510자	5점
540자	
570자	
600자	
630자	6점
660자	
690자	
720자	
750자	7점
780자	
810자	
840자	
870자	8점
900자	
930자	
960자	
990자	9점
1020자	
1050자	
1080자	
1110자	10점
1140자	
1170자	
1200자	

강의내용 요약

이름		학과		학기		학번	

기억에 남는 강의내용을 요약하세요.

글자 수	점수
30자	1점
60자	
90자	
120자	
150자	2점
180자	
210자	
240자	
270자	3점
300자	
330자	
360자	
390자	4점
420자	
450자	
480자	
510자	5점
540자	
570자	
600자	
630자	6점
660자	
690자	
720자	
750자	7점
780자	
810자	
840자	
870자	8점
900자	
930자	
960자	
990자	9점
1020자	
1050자	
1080자	
1110자	10점
1140자	
1170자	
1200자	

강의내용 요약

이름		학과		학기		학번	

기억에 남는 강의내용을 요약하세요.

글자 수	점수
30자	1점
60자	
90자	
120자	
150자	2점
180자	
210자	
240자	
270자	3점
300자	
330자	
360자	
390자	4점
420자	
450자	
480자	
510자	5점
540자	
570자	
600자	
630자	6점
660자	
690자	
720자	
750자	7점
780자	
810자	
840자	
870자	8점
900자	
930자	
960자	
990자	9점
1020자	
1050자	
1080자	
1110자	10점
1140자	
1170자	
1200자	

스스로 문제 내고 답하기

이름		학과		학기		학번	

강의내용과 관련된 서술형 문제를 스스로 출제하고, 답합니다. 서술형 문제를 출제할 때는 강의내용을 자신의 전공 공부(중간, 기말고사 준비, 발표 준비, 과제 준비, 보고서 준비)와 취업 준비(이력서, 자기소개서, 포트폴리오 제작, 면접 준비 등)에 어떻게 활용할 것인지에 대한 내용이 포함되면 좋습니다.

[문제] (여기에 문제를 쓰세요. 원고지에는 답만 씁니다.)

글자 수	점수
30자	1점
60자	
90자	
120자	
150자	2점
180자	
210자	
240자	
270자	3점
300자	
330자	
360자	
390자	4점
420자	
450자	
480자	
510자	5점
540자	
570자	
600자	
630자	6점
660자	
690자	
720자	
750자	7점
780자	
810자	
840자	
870자	8점
900자	
930자	
960자	
990자	9점
1020자	
1050자	
1080자	
1110자	10점
1140자	
1170자	
1200자	

스스로 문제 내고 답하기

이름		학과		학기		학번	

강의내용과 관련된 서술형 문제를 스스로 출제하고, 답합니다. 서술형 문제를 출제할 때는 강의내용을 자신의 전공 공부(중간, 기말고사 준비, 발표 준비, 과제 준비, 보고서 준비)와 취업 준비(이력서, 자기소개서, 포트폴리오 제작, 면접 준비 등)에 어떻게 활용할 것인지에 대한 내용이 포함되면 좋습니다.

[문제] (여기에 문제를 쓰세요. 원고지에는 답만 씁니다.)

글자 수	점수
30자	1점
60자	
90자	
120자	
150자	2점
180자	
210자	
240자	
270자	3점
300자	
330자	
360자	
390자	4점
420자	
450자	
480자	
510자	5점
540자	
570자	
600자	
630자	6점
660자	
690자	
720자	
750자	7점
780자	
810자	
840자	
870자	8점
900자	
930자	
960자	
990자	9점
1020자	
1050자	
1080자	
1110자	10점
1140자	
1170자	
1200자	

스스로 문제 내고 답하기

이름		학과		학기		학번	

강의내용과 관련된 서술형 문제를 스스로 출제하고, 답합니다. 서술형 문제를 출제할 때는 강의내용을 자신의 전공 공부(중간, 기말고사 준비, 발표 준비, 과제 준비, 보고서 준비)와 취업 준비(이력서, 자기소개서, 포트폴리오 제작, 면접 준비 등)에 어떻게 활용할 것인지에 대한 내용이 포함되면 좋습니다.

[문제] (여기에 문제를 쓰세요. 원고지에는 답만 씁니다.)

	30자	1점
	60자	
	90자	
	120자	
	150자	2점
	180자	
	210자	
	240자	
	270자	3점
	300자	
	330자	
	360자	
	390자	4점
	420자	
	450자	
	480자	
	510자	5점
	540자	
	570자	
	600자	
	630자	6점
	660자	
	690자	
	720자	
	750자	7점
	780자	
	810자	
	840자	
	870자	8점
	900자	
	930자	
	960자	
	990자	9점
	1020자	
	1050자	
	1080자	
	1110자	10점
	1140자	
	1170자	
	1200자	

스스로 문제 내고 답하기

이름		학과		학기		학번	

강의내용과 관련된 서술형 문제를 스스로 출제하고, 답합니다. 서술형 문제를 출제할 때는 강의내용을 자신의 전공 공부(중간, 기말고사 준비, 발표 준비, 과제 준비, 보고서 준비)와 취업 준비(이력서, 자기소개서, 포트폴리오 제작, 면접 준비 등)에 어떻게 활용할 것인지에 대한 내용이 포함되면 좋습니다.

[문제] (여기에 문제를 쓰세요. 원고지에는 답만 씁니다.)

글자 수	점수
30자	1점
60자	
90자	
120자	
150자	2점
180자	
210자	
240자	
270자	3점
300자	
330자	
360자	
390자	4점
420자	
450자	
480자	
510자	5점
540자	
570자	
600자	
630자	6점
660자	
690자	
720자	
750자	7점
780자	
810자	
840자	
870자	8점
900자	
930자	
960자	
990자	9점
1020자	
1050자	
1080자	
1110자	10점
1140자	
1170자	
1200자	

스스로 문제 내고 답하기

이름		학과		학기		학번	

강의내용과 관련된 서술형 문제를 스스로 출제하고, 답합니다. 서술형 문제를 출제할 때는 강의내용을 자신의 전공 공부(중간, 기말고사 준비, 발표 준비, 과제 준비, 보고서 준비)와 취업 준비(이력서, 자기소개서, 포트폴리오 제작, 면접 준비 등)에 어떻게 활용할 것인지에 대한 내용이 포함되면 좋습니다.

[문제] (여기에 문제를 쓰세요. 원고지에는 답만 씁니다.)

30자	1점
60자	
90자	
120자	
150자	2점
180자	
210자	
240자	
270자	3점
300자	
330자	
360자	
390자	4점
420자	
450자	
480자	
510자	5점
540자	
570자	
600자	
630자	6점
660자	
690자	
720자	
750자	7점
780자	
810자	
840자	
870자	8점
900자	
930자	
960자	
990자	9점
1020자	
1050자	
1080자	
1110자	10점
1140자	
1170자	
1200자	

스스로 문제 내고 답하기

이름		학과		학기		학번	

강의내용과 관련된 서술형 문제를 스스로 출제하고, 답합니다. 서술형 문제를 출제할 때는 강의내용을 자신의 전공 공부(중간, 기말고사 준비, 발표 준비, 과제 준비, 보고서 준비)와 취업 준비(이력서, 자기소개서, 포트폴리오 제작, 면접 준비 등)에 어떻게 활용할 것인지에 대한 내용이 포함되면 좋습니다.

[문제] (여기에 문제를 쓰세요. 원고지에는 답만 씁니다.)

글자 수	점수
30자	1점
60자	
90자	
120자	
150자	2점
180자	
210자	
240자	
270자	3점
300자	
330자	
360자	
390자	4점
420자	
450자	
480자	
510자	5점
540자	
570자	
600자	
630자	6점
660자	
690자	
720자	
750자	7점
780자	
810자	
840자	
870자	8점
900자	
930자	
960자	
990자	9점
1020자	
1050자	
1080자	
1110자	10점
1140자	
1170자	
1200자	

스스로 문제 내고 답하기

이름		학과		학기		학번	

강의내용과 관련된 서술형 문제를 스스로 출제하고, 답합니다. 서술형 문제를 출제할 때는 강의내용을 자신의 전공 공부(중간, 기말고사 준비, 발표 준비, 과제 준비, 보고서 준비)와 취업 준비(이력서, 자기소개서, 포트폴리오 제작, 면접 준비 등)에 어떻게 활용할 것인지에 대한 내용이 포함되면 좋습니다.

[문제] (여기에 문제를 쓰세요. 원고지에는 답만 씁니다.)

글자 수	점수
30자	1점
60자	
90자	
120자	
150자	2점
180자	
210자	
240자	
270자	3점
300자	
330자	
360자	
390자	4점
420자	
450자	
480자	
510자	5점
540자	
570자	
600자	
630자	6점
660자	
690자	
720자	
750자	7점
780자	
810자	
840자	
870자	8점
900자	
930자	
960자	
990자	9점
1020자	
1050자	
1080자	
1110자	10점
1140자	
1170자	
1200자	

스스로 문제 내고 답하기

이름		학과		학기		학번	

강의내용과 관련된 서술형 문제를 스스로 출제하고, 답합니다. 서술형 문제를 출제할 때는 강의내용을 자신의 전공 공부(중간, 기말고사 준비, 발표 준비, 과제 준비, 보고서 준비)와 취업 준비(이력서, 자기소개서, 포트폴리오 제작, 면접 준비 등)에 어떻게 활용할 것인지에 대한 내용이 포함되면 좋습니다.

[문제] (여기에 문제를 쓰세요. 원고지에는 답만 씁니다.)

글자 수	점수
30자	1점
60자	
90자	
120자	
150자	2점
180자	
210자	
240자	
270자	3점
300자	
330자	
360자	
390자	4점
420자	
450자	
480자	
510자	5점
540자	
570자	
600자	
630자	6점
660자	
690자	
720자	
750자	7점
780자	
810자	
840자	
870자	8점
900자	
930자	
960자	
990자	9점
1020자	
1050자	
1080자	
1110자	10점
1140자	
1170자	
1200자	

스스로 문제 내고 답하기

이름		학과		학기		학번	

강의내용과 관련된 서술형 문제를 스스로 출제하고, 답합니다. 서술형 문제를 출제할 때는 강의내용을 자신의 전공 공부(중간, 기말고사 준비, 발표 준비, 과제 준비, 보고서 준비)와 취업 준비(이력서, 자기소개서, 포트폴리오 제작, 면접 준비 등)에 어떻게 활용할 것인지에 대한 내용이 포함되면 좋습니다.

[문제] (여기에 문제를 쓰세요. 원고지에는 답만 씁니다.)

글자 수	점수
30자	1점
60자	
90자	
120자	
150자	2점
180자	
210자	
240자	
270자	3점
300자	
330자	
360자	
390자	4점
420자	
450자	
480자	
510자	5점
540자	
570자	
600자	
630자	6점
660자	
690자	
720자	
750자	7점
780자	
810자	
840자	
870자	8점
900자	
930자	
960자	
990자	9점
1020자	
1050자	
1080자	
1110자	10점
1140자	
1170자	
1200자	

스스로 문제 내고 답하기

이름		학과		학기		학번	

강의내용과 관련된 서술형 문제를 스스로 출제하고, 답합니다. 서술형 문제를 출제할 때는 강의내용을 자신의 전공 공부(중간, 기말고사 준비, 발표 준비, 과제 준비, 보고서 준비)와 취업 준비(이력서, 자기소개서, 포트폴리오 제작, 면접 준비 등)에 어떻게 활용할 것인지에 대한 내용이 포함되면 좋습니다.

[문제] (여기에 문제를 쓰세요. 원고지에는 답만 씁니다.)

글자 수	점수
30자	1점
60자	
90자	
120자	
150자	2점
180자	
210자	
240자	
270자	3점
300자	
330자	
360자	
390자	4점
420자	
450자	
480자	
510자	5점
540자	
570자	
600자	
630자	6점
660자	
690자	
720자	
750자	7점
780자	
810자	
840자	
870자	8점
900자	
930자	
960자	
990자	9점
1020자	
1050자	
1080자	
1110자	10점
1140자	
1170자	
1200자	

스스로 문제 내고 답하기

이름		학과		학기		학번	

강의내용과 관련된 서술형 문제를 스스로 출제하고, 답합니다. 서술형 문제를 출제할 때는 강의내용을 자신의 전공 공부(중간, 기말고사 준비, 발표 준비, 과제 준비, 보고서 준비)와 취업 준비(이력서, 자기소개서, 포트폴리오 제작, 면접 준비 등)에 어떻게 활용할 것인지에 대한 내용이 포함되면 좋습니다.

[문제] (여기에 문제를 쓰세요. 원고지에는 답만 씁니다.)

글자 수	점수
30자	1점
60자	
90자	
120자	
150자	2점
180자	
210자	
240자	
270자	3점
300자	
330자	
360자	
390자	4점
420자	
450자	
480자	
510자	5점
540자	
570자	
600자	
630자	6점
660자	
690자	
720자	
750자	7점
780자	
810자	
840자	
870자	8점
900자	
930자	
960자	
990자	9점
1020자	
1050자	
1080자	
1110자	10점
1140자	
1170자	
1200자	

스스로 문제 내고 답하기

이름		학과		학기		학번	

강의내용과 관련된 서술형 문제를 스스로 출제하고, 답합니다. 서술형 문제를 출제할 때는 강의내용을 자신의 전공 공부(중간, 기말고사 준비, 발표 준비, 과제 준비, 보고서 준비)와 취업 준비(이력서, 자기소개서, 포트폴리오 제작, 면접 준비 등)에 어떻게 활용할 것인지에 대한 내용이 포함되면 좋습니다.

[문제] (여기에 문제를 쓰세요. 원고지에는 답만 씁니다.)

글자 수	점수
30자	1점
60자	
90자	
120자	
150자	2점
180자	
210자	
240자	
270자	3점
300자	
330자	
360자	
390자	4점
420자	
450자	
480자	
510자	5점
540자	
570자	
600자	
630자	6점
660자	
690자	
720자	
750자	7점
780자	
810자	
840자	
870자	8점
900자	
930자	
960자	
990자	9점
1020자	
1050자	
1080자	
1110자	10점
1140자	
1170자	
1200자	

스스로 문제 내고 답하기

이름		학과		학기		학번	

강의내용과 관련된 서술형 문제를 스스로 출제하고, 답합니다. 서술형 문제를 출제할 때는 강의내용을 자신의 전공 공부(중간, 기말고사 준비, 발표 준비, 과제 준비, 보고서 준비)와 취업 준비(이력서, 자기소개서, 포트폴리오 제작, 면접 준비 등)에 어떻게 활용할 것인지에 대한 내용이 포함되면 좋습니다.

[문제] (여기에 문제를 쓰세요. 원고지에는 답만 씁니다.)

글자 수	점수
30자	1점
60자	
90자	
120자	
150자	2점
180자	
210자	
240자	
270자	3점
300자	
330자	
360자	
390자	4점
420자	
450자	
480자	
510자	5점
540자	
570자	
600자	
630자	6점
660자	
690자	
720자	
750자	7점
780자	
810자	
840자	
870자	8점
900자	
930자	
960자	
990자	9점
1020자	
1050자	
1080자	
1110자	10점
1140자	
1170자	
1200자	

스스로 문제 내고 답하기

이름		학과		학기		학번	

강의내용과 관련된 서술형 문제를 스스로 출제하고, 답합니다. 서술형 문제를 출제할 때는 강의내용을 자신의 전공 공부(중간, 기말고사 준비, 발표 준비, 과제 준비, 보고서 준비)와 취업 준비(이력서, 자기소개서, 포트폴리오 제작, 면접 준비 등)에 어떻게 활용할 것인지에 대한 내용이 포함되면 좋습니다.

[문제] (여기에 문제를 쓰세요. 원고지에는 답만 씁니다.)

스스로 문제 내고 답하기

이름		학과		학기		학번	

강의내용과 관련된 서술형 문제를 스스로 출제하고, 답합니다. 서술형 문제를 출제할 때는 강의내용을 자신의 전공 공부(중간, 기말고사 준비, 발표 준비, 과제 준비, 보고서 준비)와 취업 준비(이력서, 자기소개서, 포트폴리오 제작, 면접 준비 등)에 어떻게 활용할 것인지에 대한 내용이 포함되면 좋습니다.

[문제] (여기에 문제를 쓰세요. 원고지에는 답만 씁니다.)

글자 수	점수
30자	1점
60자	
90자	
120자	
150자	2점
180자	
210자	
240자	
270자	3점
300자	
330자	
360자	
390자	4점
420자	
450자	
480자	
510자	5점
540자	
570자	
600자	
630자	6점
660자	
690자	
720자	
750자	7점
780자	
810자	
840자	
870자	8점
900자	
930자	
960자	
990자	9점
1020자	
1050자	
1080자	
1110자	10점
1140자	
1170자	
1200자	

독서노트

이름		학과		학번	
도서명		저자명		챕터명	

1. 독서한 내용 중 기억에 남는 것을 요약하세요.(5점)

글자 수	점수
30자	
60자	
90자	1점
120자	
150자	
180자	
210자	2점
240자	
270자	
300자	
330자	3점
360자	
390자	
420자	
450자	4점
480자	
510자	
540자	
570자	5점
600자	

2. 독서한 챕터와 관련된 내용을 토대로 서술형 주관식 문제를 스스로 출제한 후, 그 답을 기술해 보세요.(5점)

[문제] (여기에 문제를 쓰세요. 원고지에는 답만 씁니다.)

글자 수	점수
30자	
60자	
90자	1점
120자	
150자	
180자	
210자	2점
240자	
270자	
300자	
330자	3점
360자	
390자	
420자	
450자	4점
480자	
510자	
540자	
570자	5점
600자	

독서노트

이름		학과		학번	
도서명		저자명		챕터명	

1. 독서한 내용 중 기억에 남는 것을 요약하세요.(5점)

30자
60자
90자 1점
120자
150자
180자
210자 2점
240자
270자
300자
330자 3점
360자
390자
420자
450자 4점
480자
510자
540자
570자 5점
600자

2. 독서한 챕터와 관련된 내용을 토대로 서술형 주관식 문제를 스스로 출제한 후, 그 답을 기술해 보세요.(5점)

[문제] (여기에 문제를 쓰세요. 원고지에는 답만 씁니다.)

30자
60자
90자 1점
120자
150자
180자
210자 2점
240자
270자
300자
330자 3점
360자
390자
420자
450자 4점
480자
510자
540자
570자 5점
600자

독서노트

이름		학과		학번	
도서명		저자명		챕터명	

1. 독서한 내용 중 기억에 남는 것을 요약하세요.(5점)

	30자	
	60자	
	90자	1점
	120자	
	150자	
	180자	
	210자	2점
	240자	
	270자	
	300자	
	330자	3점
	360자	
	390자	
	420자	
	450자	4점
	480자	
	510자	
	540자	
	570자	5점
	600자	

2. 독서한 챕터와 관련된 내용을 토대로 서술형 주관식 문제를 스스로 출제한 후, 그 답을 기술해 보세요.(5점)

[문제] (여기에 문제를 쓰세요. 원고지에는 답만 씁니다.)

	30자	
	60자	
	90자	1점
	120자	
	150자	
	180자	
	210자	2점
	240자	
	270자	
	300자	
	330자	3점
	360자	
	390자	
	420자	
	450자	4점
	480자	
	510자	
	540자	
	570자	5점
	600자	

독서노트

이름		학과		학번	
도서명		저자명		챕터명	

1. 독서한 내용 중 기억에 남는 것을 요약하세요.(5점)

30자	
60자	
90자	1점
120자	
150자	
180자	
210자	2점
240자	
270자	
300자	
330자	3점
360자	
390자	
420자	
450자	4점
480자	
510자	
540자	
570자	5점
600자	

2. 독서한 챕터와 관련된 내용을 토대로 서술형 주관식 문제를 스스로 출제한 후, 그 답을 기술해 보세요.(5점)

[문제] (여기에 문제를 쓰세요. 원고지에는 답만 씁니다.)

30자	
60자	
90자	1점
120자	
150자	
180자	
210자	2점
240자	
270자	
300자	
330자	3점
360자	
390자	
420자	
450자	4점
480자	
510자	
540자	
570자	5점
600자	

독서노트

이름		학과		학번	
도서명		저자명		챕터명	

1. 독서한 내용 중 기억에 남는 것을 요약하세요.(5점)

30자	
60자	
90자	1점
120자	
150자	
180자	
210자	2점
240자	
270자	
300자	
330자	3점
360자	
390자	
420자	
450자	4점
480자	
510자	
540자	
570자	5점
600자	

2. 독서한 챕터와 관련된 내용을 토대로 서술형 주관식 문제를 스스로 출제한 후, 그 답을 기술해 보세요.(5점)

[문제] (여기에 문제를 쓰세요. 원고지에는 답만 씁니다.)

30자	
60자	
90자	1점
120자	
150자	
180자	
210자	2점
240자	
270자	
300자	
330자	3점
360자	
390자	
420자	
450자	4점
480자	
510자	
540자	
570자	5점
600자	

독서노트

이름		학과		학번	
도서명		저자명		챕터명	

1. 독서한 내용 중 기억에 남는 것을 요약하세요.(5점)

30자	
60자	
90자	1점
120자	
150자	
180자	
210자	2점
240자	
270자	
300자	
330자	3점
360자	
390자	
420자	
450자	4점
480자	
510자	
540자	
570자	5점
600자	

2. 독서한 챕터와 관련된 내용을 토대로 서술형 주관식 문제를 스스로 출제한 후, 그 답을 기술해 보세요.(5점)

[문제] (여기에 문제를 쓰세요. 원고지에는 답만 씁니다.)

30자	
60자	
90자	1점
120자	
150자	
180자	
210자	2점
240자	
270자	
300자	
330자	3점
360자	
390자	
420자	
450자	4점
480자	
510자	
540자	
570자	5점
600자	

독서노트

이름		학과		학번	
도서명		저자명		챕터명	

1. 독서한 내용 중 기억에 남는 것을 요약하세요.(5점)

30자	
60자	
90자	1점
120자	
150자	
180자	
210자	2점
240자	
270자	
300자	
330자	3점
360자	
390자	
420자	
450자	4점
480자	
510자	
540자	
570자	5점
600자	

2. 독서한 챕터와 관련된 내용을 토대로 서술형 주관식 문제를 스스로 출제한 후, 그 답을 기술해 보세요.(5점)

[문제] (여기에 문제를 쓰세요. 원고지에는 답만 씁니다.)

30자	
60자	
90자	1점
120자	
150자	
180자	
210자	2점
240자	
270자	
300자	
330자	3점
360자	
390자	
420자	
450자	4점
480자	
510자	
540자	
570자	5점
600자	

독서노트

이름		학과		학번	
도서명		저자명		챕터명	

1. 독서한 내용 중 기억에 남는 것을 요약하세요.(5점)

글자 수	점수
30자	
60자	
90자	1점
120자	
150자	
180자	
210자	2점
240자	
270자	
300자	
330자	3점
360자	
390자	
420자	
450자	4점
480자	
510자	
540자	
570자	5점
600자	

2. 독서한 챕터와 관련된 내용을 토대로 서술형 주관식 문제를 스스로 출제한 후, 그 답을 기술해 보세요.(5점)

[문제] (여기에 문제를 쓰세요. 원고지에는 답만 씁니다.)

글자 수	점수
30자	
60자	
90자	1점
120자	
150자	
180자	
210자	2점
240자	
270자	
300자	
330자	3점
360자	
390자	
420자	
450자	4점
480자	
510자	
540자	
570자	5점
600자	

독서노트

이름		학과		학번	
도서명		저자명		챕터명	

1. 독서한 내용 중 기억에 남는 것을 요약하세요.(5점)

30자	
60자	
90자	1점
120자	
150자	
180자	
210자	2점
240자	
270자	
300자	
330자	3점
360자	
390자	
420자	
450자	4점
480자	
510자	
540자	
570자	5점
600자	

2. 독서한 챕터와 관련된 내용을 토대로 서술형 주관식 문제를 스스로 출제한 후, 그 답을 기술해 보세요.(5점)

[문제] (여기에 문제를 쓰세요. 원고지에는 답만 씁니다.)

30자	
60자	
90자	1점
120자	
150자	
180자	
210자	2점
240자	
270자	
300자	
330자	3점
360자	
390자	
420자	
450자	4점
480자	
510자	
540자	
570자	5점
600자	

독서노트

이름		학과		학번	
도서명		저자명		챕터명	

1. 독서한 내용 중 기억에 남는 것을 요약하세요.(5점)

30자	
60자	
90자	1점
120자	
150자	
180자	
210자	2점
240자	
270자	
300자	
330자	3점
360자	
390자	
420자	
450자	4점
480자	
510자	
540자	
570자	5점
600자	

2. 독서한 챕터와 관련된 내용을 토대로 서술형 주관식 문제를 스스로 출제한 후, 그 답을 기술해 보세요.(5점)

[문제] (여기에 문제를 쓰세요. 원고지에는 답만 씁니다.)

30자	
60자	
90자	1점
120자	
150자	
180자	
210자	2점
240자	
270자	
300자	
330자	3점
360자	
390자	
420자	
450자	4점
480자	
510자	
540자	
570자	5점
600자	

독서노트

이름		학과		학번	
도서명		저자명		챕터명	

1. 독서한 내용 중 기억에 남는 것을 요약하세요.(5점)

30자
60자
90자 1점
120자
150자
180자
210자 2점
240자
270자
300자
330자 3점
360자
390자
420자
450자 4점
480자
510자
540자
570자 5점
600자

2. 독서한 챕터와 관련된 내용을 토대로 서술형 주관식 문제를 스스로 출제한 후, 그 답을 기술해 보세요.(5점)

[문제] (여기에 문제를 쓰세요. 원고지에는 답만 씁니다.)

30자
60자
90자 1점
120자
150자
180자
210자 2점
240자
270자
300자
330자 3점
360자
390자
420자
450자 4점
480자
510자
540자
570자 5점
600자

독서노트

이름		학과		학번	
도서명		저자명		챕터명	

1. 독서한 내용 중 기억에 남는 것을 요약하세요.(5점)

30자
60자
90자 1점
120자
150자
180자
210자 2점
240자
270자
300자
330자 3점
360자
390자
420자
450자 4점
480자
510자
540자
570자 5점
600자

2. 독서한 챕터와 관련된 내용을 토대로 서술형 주관식 문제를 스스로 출제한 후, 그 답을 기술해 보세요.(5점)

[문제] (여기에 문제를 쓰세요. 원고지에는 답만 씁니다.)

30자
60자
90자 1점
120자
150자
180자
210자 2점
240자
270자
300자
330자 3점
360자
390자
420자
450자 4점
480자
510자
540자
570자 5점
600자

독서노트

이름		학과		학번	
도서명		저자명		챕터명	

1. 독서한 내용 중 기억에 남는 것을 요약하세요.(5점)

글자 수	점수
30자	
60자	
90자	1점
120자	
150자	
180자	
210자	2점
240자	
270자	
300자	
330자	3점
360자	
390자	
420자	
450자	4점
480자	
510자	
540자	
570자	5점
600자	

2. 독서한 챕터와 관련된 내용을 토대로 서술형 주관식 문제를 스스로 출제한 후, 그 답을 기술해 보세요.(5점)

[문제] (여기에 문제를 쓰세요. 원고지에는 답만 씁니다.)

글자 수	점수
30자	
60자	
90자	1점
120자	
150자	
180자	
210자	2점
240자	
270자	
300자	
330자	3점
360자	
390자	
420자	
450자	4점
480자	
510자	
540자	
570자	5점
600자	

독서노트

이름		학과		학번	
도서명		저자명		챕터명	

1. 독서한 내용 중 기억에 남는 것을 요약하세요.(5점)

30자
60자
90자 1점
120자
150자
180자
210자 2점
240자
270자
300자
330자 3점
360자
390자
420자
450자 4점
480자
510자
540자
570자 5점
600자

2. 독서한 챕터와 관련된 내용을 토대로 서술형 주관식 문제를 스스로 출제한 후, 그 답을 기술해 보세요.(5점)

[문제] (여기에 문제를 쓰세요. 원고지에는 답만 씁니다.)

30자
60자
90자 1점
120자
150자
180자
210자 2점
240자
270자
300자
330자 3점
360자
390자
420자
450자 4점
480자
510자
540자
570자 5점
600자

저자소개

이국희(Lee Gukhee)

광운대학교 대학원에서 인지심리학 전공으로 심리학박사를 취득한 후, 인지심리학자로서 인간의 행복과 성취와 관련된 연구를 수행하고 있다. 이화여자대학교 융합디자인연구소에서 박사후연구원으로 재직하면서 4차 산업시대에 대한 연구를 수행하였고, 서울대학교 행복연구센터에서 박사후연구원으로 재직하면서 행복 콘텐츠 개발 및 행복 연구를 수행하였다. 그리고 광운대학교와 연세대학교 스마트미디어교육센터 강사로 재직하면서 인지심리학, 학습심리학, 인간과 컴퓨터의 상호작용 등의 강의를 하였다.

현재는 경기대학교 교양학부 조교수로 재직하면서 학부생과 대학원생을 지도하고 있다. 2016년 한국감성과학회가 선정하는 신진과학자상과 2018년 한국심리학회가 선정하는 우수논문상을 수상하였고, 2019년에는 한국인지과학회가 선정하는 우수논문상을 수상하였다.

강의 워크북

2019년 8월 5일 1판 1쇄 발행
2025년 9월 25일 1판 8쇄 발행

지은이 • 이 국 희

펴낸이 • 김 진 환

펴낸곳 • (주) 학지사

04031 서울특별시 마포구 양화로 15길 20 마인드월드빌딩 5층

대표전화 • 02) 330-5114 팩스 • 02) 324-2345

등록번호 • 제313-2006-000265호

홈페이지 • http://www.hakjisa.co.kr
인스타그램 • https://www.instagram.com/hakjisabook

ISBN 978-89-997-1862-5 93370

정가 5,000원